BEI GRIN MACHT SICH IHR WISSEN BEZAHLT

AF144686

- Wir veröffentlichen Ihre Hausarbeit, Bachelor- und Masterarbeit

- Ihr eigenes eBook und Buch - weltweit in allen wichtigen Shops

- Verdienen Sie an jedem Verkauf

Jetzt bei www.GRIN.com hochladen und kostenlos publizieren

Individuelle Trainingsplanung für ein gesundheitsorientiertes Ausdauertraining

Diagnose, Zielsetzung und detaillierte Trainingsplanung, inklusive Literaturrecherche zu den Effekten des Ausdauertrainings bei Diabetes-Typ-2

Natalie Windhövel

Bibliografische Information der Deutschen Nationalbibliothek:

Die Deutsche Nationalbibliothek verzeichnet diese Publikation in der Deutschen Nationalbibliografie; detaillierte bibliografische Daten sind im Internet über http://dnb.d-nb.de abrufbar.

ISBN: 9783346747143
Dieses Buch ist auch als E-Book erhältlich.

Das Buch bei GRIN: https://www.grin.com/document/1287628

Deutsche Hochschule für
Prävention und Gesundheitsmanagement
Hermann-Neuberger-Sportschule 3
66123 Saarbrücken

Hausarbeit

Name, Vorname	Windhövel, Natalie
Studiengang	Bachelor of Arts Fitnesstraining
Studienmodul	Trainingslehre II
Note	1,0

Inhaltsverzeichnis

1 TEILAUFGABE 1 - DIAGNOSE 3

1.1 Allgemeine und biometrische Daten 3
   1.1.1 Bewertung des Blutdrucks...3
   1.1.2 Bewertung des Ruhepuls 4

1.2 Leistungsdiagnostik/Ausdauertestung...4

1.3 Gesundheits- und Leistungsstatus der Person 5

2 TEILAUFGABE 2 – ZIELSETZUNG/ PROGNOSE........................ 6

3 TEILAUFGABE 3 – TRAININGSPLANUNG MESOZYKLUS 7

3.1 Grobplanung Mesozyklus...7

3.2 Detailplanung Mesozyklus...7

3.3 Begründung zum Mesozyklus 10

4 TEILAUFGABE 4 – LITERATURRECHERCHE 12

5 LITERATURVERZEICHNIS 14

6 TABELLENVERZEICHNIS 15

1   Teilaufgabe 1 - Diagnose

1.1 Allgemeine und biometrische Daten

Tabelle 1: Allgemeine und biometrische Daten

Alter	30 Jahre
Geschlecht	weiblich
Körpergröße	160cm
Körpergewicht	68 kg
Blutdruck	135/84 mmHg
Ruhepuls	65 Schläge/Min.
BMI	27
Trainingsmotive	Gewichtsreduktion, Verbesserung der allgemeinen Ausdauer, wieder fitter werden, Leistungsfähigkeit steigern, Optimierung des Blutdrucks
Berufliche Tätigkeit	Kassiererin, überwiegend sitzende Tätigkeit
Frühere Sportliche Aktiviät	Bis zum 20. Lebensjahr Leichtathletik im Verein, 4x pro Woche für 1-2h, wettkampforientiert (hauptsächlich Fünfkampf), danach 5 Jahre joggen 1-2x pro Woche für 45-60min. im Grundlagenausdauerbereich auf dem Laufband oder im Wald, dann 3 Jahre Sportpause aufgrund von beruflichen und privaten Gegebenheiten
Aktuelle sportliche Aktivität	Seit 2 Jahren unregelmäßiges Training, 1-3x pro Woche für 30-60min. joggen im Grundlagenausdauerbereich auf dem Laufband oder im Wald auf flacher Strecke, gelegentlich auch noch Rad fahren am Wochenende (1-2x im Monat) für 1h im Grundlagenausdauerbereich im Wald auf flacher Strecke
Zeitlicher Verfügungsrahmen	3x pro Woche für maximal 90min.
Sonstige gesundheitliche Einschränkungen	Keine Einschränkungen vorhanden

1.1.1   Bewertung des Blutdrucks

Tabelle 2: Blutdruckklassifikationen

Bewertungsstufen	systolisch	diastolisch
Normotonie		
optimal	< 120mmHg	< 80mmHg
normal	< 130 mmHg	< 85mmHg
hochnormal	130-139 mmHg	85-89 mmHg
arterielle Hypertonie		
Stufe 1	140-159 mmHg	90-99 mmHg
Stufe 2	160-179 mmHg	mmHg
Stufe 3	>180mmHg	<110mmHg

Modifiziert nach Mancia et al. (2013, S. 1286)

Tabelle 3: Blutdruckbewertung

Parameter	Bewertung
Blutdruck: 135/84 mmHg	Systolischer Blutdruck im hochnormalen Bereich, diastolischer Blutdruck im normalen Bereich, Person noch im Bereich der Normotonie, daher ohne Einschränkungen trainierbar. Der hochnormale systolische Blutdruck ist vermutlich auf die Sportpause und die danach eher unregelmäßige sportliche Aktivität in Kombination mit dem leichten Übergewicht zurück zu führen. Im Laufe der Trainingsdurchführung des geplanten Ausdauertrainings und der Gewichtsreduktion wird sich der Wert vorraussichtlich in den normalen Bereich senken.

1.1.2 Bewertung des Ruhepuls

Tabelle 4: Ruhepulsbewertung

Parameter	Bewertung
Ruhepuls: 65 Schläge pro Minute	Der Ruhepuls eines Durchschnittsbürgers liegt ungefähr zwischen 60-80 Schläge pro Minute (Weineck, 2003, S.50). Die Person befindet sich daher im Normbereich und ist ohne Einschränkungen trainierbar.

1.2 Leistungsdiagnostik/Ausdauertestung

Die Leistungsdiagnostik erfolgt als Ausdauertest auf dem Fahrradergometer nach Hollmann & Venrath. Die Person ist aufgrund der sich im Bereich der Normotonie befindenden Werte von Ruheherzfrequenz und Blutdruck ohne Einschränkungen trainierbar. Sie ist sowohl in der Vergangenheit schon sportlich aktiv gewesen, als auch aktuell sportlich aktiv, daher kann das ausgewählte Testverfahren ohne Probleme durchgeführt werden. Die Sportlerin ist durchschnittlich bis gut trainiert und eine Testung beispielsweise nach dem Belastungsschema der WHO wäre hier zu einfach und eventuell sogar demotivierend, aufgrund der niedrigen Intensität. Zudem können mit der Testung nach Hollmann & Venrath durch die längere Stufendauer von jeweils drei Minuten pro Stufe eher Steady-State-Bedingungen auf der jeweiligen Belastungsstufe erreicht werden. Der Vita-Maxima-Test hingegen, wäre aufgrund der sehr hohen Intensität bis hin zur Ausbelastung für den aktuellen Trainingszustand der Person nicht geeignet, da sie seit vielen Jahren nur noch im Grundlagenausdauerbereich trainiert hat und daher nicht an ein intensives Training bis zur Ausbelastung gewöhnt ist. Im Hinblick auf das Trainingsmotiv der Sportlerin, welches die Verbesserung der Ausdauerleistungsfähigkeit beinhaltet, besteht mit der ausgewählten Testung sowohl die Möglichkeit eines interindividuellen Leistungsvergleiches anhand von Normtabellen, als auch eines intraindividuellen Leistungsvergleiches bei regelmäßiger Durchführung unter standardisierten Testbedingungen (beispielsweise nach jedem Mesozyklus). Die Festlegung der Zielherzfrequenz erfolgt mithilfe der Voreinstufung nach IPN. Dadurch können die Trainingsbereiche für die weitere Trainingsplanung möglichst genau festgelegt werden, was wiederrum ein gezieltes Training zur Verbesserung der Ausdauerleistungsfähigkeit, Optimierung des Blutdrucks und Senkung des Körpergewichts durch einen erhöhten Kalorienverbrauch ermöglicht.

Tabelle 5: Belastungsschema Fahrradergometertest

Testform	Hollmann & Venrath
Intensität	submaximal
Stufendauer	3 min.
Belastungssteigerung	40 Watt
Eingangsbelastung	30 Watt
Trittfrequenz	60-80 Umdrehungen pro Minute
Pulsobergrenze	Voreinstufung IPN nach Ruheherzfrequenz und Lebensalter unter zusätzlicher Berücksichtigung der Trainingshäufigkeit ausdauerrelevanter Aktivität (Trunz, 2001; IPN,2004, S.4) Pulsobergrenze der Testperson: 140 Schläge pro Minute
Abbruchgrenze	Bei Erreichen der Pulsobergrenze
Testgröße	Wattzahl der letzten Stufe (zeitinterpoliert)
Normbewertung	Watt/kg Körpergewicht

Tabelle 6: Testprotokoll Fahrradergometertest

Eingangstest	Datum: 14.06.2022			
Zeit (in Minuten)	Watt	HF 1 (Schläge pro Minute)	HF 2 (Schläge pro Minute)	HF 3 (Schläge pro Minute)
0-3	30	101	95	103
4-6	70	108	109	110
7-9	110	117	120	125
10-12	150	130	136	140
Watt gesamt	150			
Watt/ kg KG	2,21			
Bewertung nach Normtabelle für submaximale Radergometertests bei Frauen (IPN, 2004, S.8)	Gut trainiert, leicht überdurchschnittliche Belastbarkeit			

1.3 Gesundheits- und Leistungsstatus der Person

Die Testperson hat insgesamt vier Belastungsstufen durchfahren. Der Abbruch erfolgte nach der 12. Minute, da hier die Pulsobergrenze erreicht wurde. Die Gesamtleistung liegt somit bei 150 Watt. Die relative Wattleistung beträgt demnach 2,21 Watt pro kg Körpergewicht. Beim Vergleich der Leistung mit den Werten aus der oben genannten Normtabelle ergibt sich eine leicht überdurchschnittliche Ausdauerleistungsfähigkeit. Die Person besitzt demnach eine sehr gute Grundlagenausdauer, die mit entsprechendem Training auch noch weiter verbessert werden kann.

2   Teilaufgabe 2 – Zielsetzung/ Prognose

Tabelle 7: Ziele auf Basis der Diagnosedaten

Ziele	Inhalt	Ausmaß	Zeit
Ziel 1	Gewichtsreduktion	5 kg	3 Monate
Ziel 2	Optimierung des Blutdrucks	Senkung des systolischen und diastolischen Blutdrucks um jeweils 5 mmHg	3 Monate
Ziel 3	Verbesserung der Wattleistung pro kg Körpergewicht beim Fahrradergometertest	Verbesserung um mind. 10%	2 Monate
Begründung Ziel 1	Aufgrund des leichten Übergewichts ist eine Gewichtsreduktion sinnvoll, um den Körperfettanteil zu senken und den BMI wieder in den Normalbereich zu bringen. Desweiteren wirkt eine Gewichtsreduktion und das Erreichen eines Normalgewichtes präventiv gegen mögliche Folgen des Übergewichts wie beispielsweise Herz- Kreislauf- Erkrankungen. Durch ein regelmäßiges Ausdauertraining werden mehr Aktivkalorien verbraucht, was die Gewichtsabnahme erleichtert. Anmerkung: Zusätzlich ist es sinnvoll, die Ernährung der Sportlerin entsprechend anzupassen, um ein Kaloriendefizit zu erzeugen. Zudem ist die Reduktion des Gewichts ein wesentliches Trainingsmotiv der Trainierenden, durch eine entsprechende Gewichtsabnahme bleibt die Motivation aufrecht erhalten.		
Begründung Ziel 2	Der Blutdruck der Sportlerin ist aktuell zwar gerade noch im Bereich der Normotonie, allerdings ist es sinnvoll im Rahmen des Ausdauertrainings einem weiteren Anstieg des Blutdrucks präventiv entgegenzuwirken und den aktuellen Wert wieder in den optimalen Bereich zu bringen, da Bluthochdruck ein großer Risikofaktor für die Entstehung von Erkrankungen des Herz-Kreislauf-Systems ist.		
Begründung Ziel 3	Die Sportlerin nennt als ein Trainingsmotiv die Steigerung der Leistungsfähigkeit. Ob sich diese gesteigert hat, lässt sich sehr gut mit einem Fahrradergometertest aufzeigen. Für die Trainierende ist es motivierend auf eine Verbesserung hinzutrainieren und dann, unter Voraussetzung, dass das Training regelmäßig durchgeführt wurde, auch Verbesserungen wahrzunehmen und mithilfe des Tests vor Augen geführt zu bekommen. Vorallem das Erreichen der angestrebten Verbesserung von mind. 10% der Wattleistung im zweiten Test wird der Kundin zeigen, dass es sich lohnt dran zu bleiben und weiter zu trainieren.		

3 Teilaufgabe 3 – Trainingsplanung Mesozyklus

3.1 Grobplanung Mesozyklus

Tabelle 8: Grobplanung Mesozyklus

Mesozyklus	
Dauer	6 Wochen
Trainingsziel	Aufbau und Stabilisierung der Grundlagen-ausdauer, Heranführen an ein regelmäßiges Training, Hinführung zum Optimalprogramm
Belastungsumfang pro Woche	2-3 Stunden
Trainingsmethoden	Extensive Dauermethode, variable Dauer-methode, intensive Dauermethode
Belastungsintensität	Extensive Dauermethode (REKOM): 50-60% HFmax Extensive Dauermethode (GA1): 60-75% HFmax Variable Dauermethode: 70-85% HFmax Intensive Dauermethode: 80-85% HFmax
Trainingshäufigkeit pro Woche	3 Einheiten pro Woche
Dauer pro Trainingseinheit	Extensive Dauermethode REKOM: 40min. Extensive Dauermethode GA 1: 45-55min. Variable Dauermethode: 30-40min. Intensive Dauermethode: 30min.
Trainingsgeräte	Laufen auf dem Laufband oder im Wald, Fahrrad fahren auf dem Fahrradergometer

3.2 Detailplanung Mesozyklus

Tabelle 9: Detailplanung Mesozyklus Woche eins

Woche 1	Mo	Mi	Fr
Trainings-ziel	GA1/GA2	GA1	GA1
Trainings-methode	Variable Dauermethode	Extensive Dauermethode	Extensive Dauermethode
Trainings-intensität	70-75% 75-85% HFmax	60-75% HFmax	60-75% HFmax
Trainings-herzfre-quenz in Schlägen pro Minute	133-143 143-162	102-128	114-143
Trainings-dauer	30min. 3x (5min. HF133-143 Schläge/min., dann 5min. HF 143-162 Schläge/min.)	45min.	45min.
Trainings-gerät	Laufband	Fahrradergometer	Laufen im Wald mit flachem Streckenprofil

Tabelle 10: Detailplanung Mesozyklus Woche zwei

Woche 2	Mo	Mi	Fr
Trainings-ziel	GA1/GA2	GA1	GA1
Trainings-methode	Variable Dauermethode	Extensive Dauermethode	Extensive Dauermethode
Trainings-intensität	70-75% 75-85% HFmax	60-75% HFmax	60-75% HFmax
Trainings-herzfre-quenz in Schlägen pro Minute	133-143 143-162	102-128	114-143
Trainings-dauer	30min. 3x (5min. HF133-143 Schläge/min., dann 5min. HF 143-162 Schläge/min.)	50min.	50min.
Trainings-gerät	Laufband	Fahrradergometer	Laufen im Wald mit flachem Streckenprofil

Tabelle 11: Detailplanung Mesozyklus Woche drei

Woche 3	Mo	Mi	Fr
Trainings-ziel	GA1/GA2	GA1	GA1
Trainings-methode	Variable Dauermethode	Extensive Dauermethode	Extensive Dauermethode
Trainings-intensität	70-75% 75-85% HFmax	60-75% HFmax	60-75% HFmax
Trainings-herzfre-quenz in Schlägen pro Minute	133-143 143-162	102-128	114-143
Trainings-dauer	40min. 4x (5min. HF133-143 Schläge/min., dann 5min. HF 143-162 Schläge/min.)	50min.	50min.
Trainings-gerät	Laufband	Fahrradergometer	Laufen im Wald mit flachem Streckenprofil

Tabelle 12: Detailplanung Mesozyklus Woche vier

Woche 4	Mo	Mi	Fr
Trainings-ziel	GA1/GA2	REKOM	GA1
Trainings-methode	Variable Dauermethode	Extensive Dauermethode	Extensive Dauermethode
Trainings-intensität	70-75% 75-85% HFmax	50-60% HFmax	60-75% HFmax
Trainings-herzfre-quenz in Schlägen pro Minute	133-143 143-162	85-102	114-143
Trainings-dauer	30min. 3x (5min. HF133-143 Schläge/min., dann 5min. HF 143-162 Schläge/min.)	40min.	45min.
Trainings-gerät	Laufband	Fahrradergometer	Laufen im Wald mit flachem Streckenprofil

Tabelle 13: Detailplanung Mesozyklus Woche 5

Woche 5	Mo	Mi	Fr
Trainings-ziel	GA1/GA2	GA1	GA1
Trainings-methode	Intensive Dauermethode	Extensive Dauermethode	Extensive Dauermethode
Trainings-intensität	80-85% HFmax	60-75% HFmax	60-75% HFmax
Trainings-herzfre-quenz in Schlägen pro Minute	152-162	102-128	114-143
Trainings-dauer	30min.	50min.	50min.
Trainings-gerät	Laufband	Fahrradergometer	Laufen im Wald mit flachem Streckenprofil

Tabelle 14: Detailplanung Mesozyklus Woche 6

Woche 6	Mo	Mi	Fr
Trainings- ziel	GA1/GA2	GA1	GA1
Trainings- methode	Intensive Dauermethode	Extensive Dauermethode	Extensive Dauermethode
Trainings- intensität	80-85% HFmax	60-75% HFmax	60-75% HFmax
Trainings- herzfre- quenz in Schlägen pro Minute	152-162	102-128	114-143
Trainings- dauer	30min.	55min.	55min.
Trainings- gerät	Laufband	Fahrradergometer	Laufen im Wald mit flachem Streckenprofil

3.3 Begründung zum Mesozyklus

Der Fahrradergometertest hat aufgezeigt, dass die Sportlerin eine gute Grundlagenausdauer aufweist, allerdings hat die Person in den letzten zwei Jahren sehr unregelmäßig
trainiert (Belastungsumfang von minimal 30min. bis maximal 240min. pro Woche). Daher ist es wichtig die Sportlerin im Rahmen einer langfristigen Trainingsplanung an ein
regelmäßiges Training nach Plan zu gewöhnen. Der zeitliche Verfügungsrahmen wird
daher zu Beginn nur teilweise ausgeschöpft, um im Laufe der weiteren Planung Raum
für Progression zu haben.

Das Be- und Entlastungsverhältnis innerhalb des dargestellten Mesozyklus ist 3:1. Der
Belastungsumfang erhöht sich daher von der ersten bis zur dritten Woche. In Woche
vier wird durch die REKOM Einheit und die Reduktion des Belastungsumfangs eine Er-
holungswoche eingebaut. In Woche fünf steigt durch die Integration der intensiven Dauermethode die Belastungsintensität. Diese wird in Woche sechs weiter geführt und zu-
sätzlich erhöht sich der Belastungsumfang der Einheiten in extensiver Dauermethode.
Ziel ist es, den Belastungsumfang im Laufe der weiteren Trainingsplanung auf das Opti-
malprogramm zu steigern. Im Rahmen der Optimierung des Blutdrucks und der Verbesserung der allgemeinen Fitness ist ein wesentliches Ziel die Verbesserung der Herz-
Kreislauf- Gesundheit. Durch die kontinuierliche Steigerung des Belastungsumfangs
wird die Sportlerin an eine Bruttobelastungszeit von ca. 3-4 Stunden pro Woche herangeführt, welche als optimale Bedingung für die Gesundheit gilt (Zintl & Eisenhut, 2001,
S. 17-86).

Da die Sportlerin die letzten Jahre nur im Grundlagenausdauerbereich trainiert hat, wird
sie zu Beginn durch eine Trainingseinheit mit der variablen Dauermethode langsam an
höhere Trainingsintensitäten herangeführt. Ab Woche fünf des Mesozyklus wird die Belastungsintensität durch die intensive Dauermethode nochmals gesteigert. Im Hinblick
auf die Gewichtsreduktion ist ein Training in höheren Intensitätsbereichen sinnvoll, da
durch die intensivere Belastung mehr Kalorien verbraucht werden und das Erreichen einer negativen Energiebilanz erleichtert wird.

Um die Grundlagenausdauer weiter aufzubauen und die Sportlerin nicht direkt zu Beginn mit einer zu hohen Trainingsintensität zu überlasten werden zudem zwei Trainingseinheiten nach der extensiven Dauermethode eingeplant. Dies bringt eine Vielzahl
an positiven Anpassungseffekten mit sich, wie die Ökonomisierung der Herz-Kreislauf-
Arbeit und die Verbesserung der peripheren Durchblutung.

Zudem wirkt sich ein Training der allgemeinen Ausdauer positiv auf das Ziel der Senkung des Blutdruckes aus, was zahlreiche Studien belegen können (Bonanno/Lies 1974; De Geus et al. 1992; Murphy et al. 2002).

Desweitern wird sich eine verbesserte Grundlagenausdauer und damit einhergehend eine Erhöhung der aeroben Kapazität und aeroben Leistungsfähigkeit auch im Fahrradergometertest bemerkbar machen und somit das Ziel der Verbesserung der Wattleistung pro kg Körpergewicht beim Fahrradergometertest unterstützen.

Da der zeitliche Verfügungsrahmen der Sportlerin maximal drei Trainingseinheiten pro Woche vorsieht, wird die Belastungsprogression von Woche eins bis drei hauptsächlich mit der Steigerung des Belastungsumfangs erzielt. Die Belastung wird innerhalb der ersten drei Wochen von 120min. auf 140min. gesteigert, was einer Steigerung von ca. 8-9% pro Woche entspricht. In Woche vier reduziert sich der Belastungsumfang und die Trainingsintensität im Sinne einer Regenerationswoche, um durch den Wechsel von Belastung zu Erholung die individuellen Anpassungseffekte zu unterstützen (Neumann et al., 2007). Von der fünften auf die sechste Woche wird der Belastumgsumfang wieder gesteigert. Ab Woche fünf wird zudem die Belastungsintensität durch die Integration der intensiven Dauermethode erhöht, um neue Reize zu setzen und sowohl die GA1 und GA2 als auch die VO$_{2max}$ zu verbessern. Dadurch wird sich auch die Leistung im Fahrradergometertest verbessern.

Das Training im dargestellten Mesozyklus erfolgt im Bereich von 60-85% HF$_{max}$ (eine Ausnahme besteht in der REKOM Einheit, diese dient hauptsächlich der Erholung und Einleitung der Anpassungsprozesse im Körper, daher wird hier im Bereich von 50-60% HF$_{max}$ trainiert). Laut dem ACSM (1998c, 1998b, S.975, 2000a, 2006a, 2006b) wird eine Trainingsintensität von 60-90% HF$_{max}$ als optimalen Bereich für die Entwicklung und das Training der allgemeinen Ausdauer empfohlen. Die Trainingsbereiche werden mit der extensiven, variablen und intensiven Dauermethode in der Trainingsplanung optimal angesprochen.

Als Bewegungsform wird im ersten Mesozyklus das Laufen auf dem Laufband und im Wald und das Rad fahren auf dem Fahrradergometer genutzt. Die Bewegungsformen sind der Sportlerin bekannt, lediglich das Fahrrad fahren auf dem Ergometer ist neu. Da die Trainierende in der Vergangenheit jedoch ab und zu auch Rad fahren im Wald war, benötigt sie lediglich eine Einweisung in die Einstellungen der Sitzposition und Funktionen des Fahrradergometers. Im ersten Mesozyklus wurden bewusst bekannte Bewegungsformen gewählt, um die Sportlerin erst einmal an ein Training nach Plan zu gewöhnen und Regelmäßigkeit in das Training zu bringen. Zudem sind dies zwei Bewegungsformen, welche die Person mit Freude ausübt, was durchaus sinnvoll für die Motivation und Kontinuität des Trainings ist. Nur durch ein regelmäßiges Training wird die Sportlerin ihre Ziele erreichen.

Zwei Einheiten werden in der Bewegungsform des Laufens (joggen) ausgeübt. Um etwas Abwechslung in der Planung zu bieten, wird eine Laufeinheit auf dem Laufband und die andere im Wald durchgeführt. Beim Laufen werden sehr viele Muskelgruppen beansprucht, daraus resultiert ein erhöhter Kalorienverbrauch, was widerrum hilfreich zur Gewichtsreduzierung sein kann, da mehr Kalorien verbrannt werden. Daher ist Laufen in dieser Trainingsplanung auch mit zwei Einheiten pro Woche die Hauptbewegungsform. Um etwas Abwechslung ins Training zu bringen wird jeweils eine Einheit auf dem Fahrradergometer absolviert. Bei einer Einheit auf dem Fahrradergometer werden zwar nicht so viele Muskelgruppen beansprucht wie beim Laufen, allerdings ist es dafür gelenkschonender.

Gerade im Hinblick auf das leichte Übergewicht der Sportlerin ist die Integration des Fahrradergometers vorallem zum Einstieg in die Trainingsplanung sinnvoll, um eventuelle Überlastungen an den Gelenken zu vermeiden.

4   Teilaufgabe 4 – Literaturrecherche

Tabelle 15: Effekte von HIIT und moderatem Ausdauertraining auf Personen mit Diabetes-Typ-2

Autoren	Winding K.M., Munch G.W., Iepsen U.W., Van Hall G., Pedersen B.K., Mortensen S.P.
Publikationsjahr	2018
Forschungsfrage	Sind die Auswirkungen auf die Blutzuckerwerte, die körperliche Fitness und die Körperzusammensetzung eines hochintensiven Intervalltrainings (HIIT) genauso effektiv wie ein Ausdauertraining bei Personen mit Diabetes-Typ-2?
Versuchspersonen	Insgesamt 29 Personen mit Diabetes-Typ-2
Versuchsaufbau	Die Personen wurden einer Kontroll- (kein Training), Ausdauer- (Ausdauertraining) und HIIT-Gruppe zugeteilt. Die Trainingsgruppen absolvierten drei Trainingseinheiten pro Woche, die entweder aus 40 Minuten Rad fahren bei 50% der Höchstleistung (Ausdauergruppe) oder aus 10x 1min. Intervallen bei 95% der Höchstleistung, unterbrochen von 1min. aktiver Erholung (HIIT) bestanden. Die Blutzuckerkontrolle (HbA1c, Mundglukose- Toleranztest, 3-stündiger Michmahlzeitentoleranztest mit Doppeltracer- Technik und kontinuierlicher Glukoseüberwachung {CGM}), Lipolyse, VO2max und Körperzusammensetzung wurden vor und nach 11 Wochen Training bewertet.
Ergebnisse und Schlussfolgerungen	Das körperliche Training steigerte die VO2max in der HIIT Gruppe (20% ± 20%) stärker als in der Ausdauer- Gruppe (8% ± 9%), obwohl der Gesamtenergieverbrauch und der Zeitaufwand während der Trainingseinheiten geringer waren. HIIT verringerte die Körper- und Schilddrüsenfettmasse im Vergleich zur Kontroll- Gruppe. Außerdem verringerten sich nach HIIT die viszerale Fettmasse, der HbA1c-Wert, der nüchterne Blutzucker, der postprandiale Blutzucker, die Blutzuckerschwankung und das HOMA-IR. Die Verringerung des postprandialen Blutzuckerspiegels in der HIIT-Gruppe war in erster Linie auf eine geringere Rate des Auftretens von exogener Glukose zurückzuführen. In der Kontroll- Gruppe war die postprandiale Lipolyse während des 11-wöchigen Kontrollzeitraums erhöht. Schlussfolgerungen: Trotz eines um 45 % geringeren Trainingsvolumens führte HIIT zu ähnlichen oder sogar besseren Verbesserungen der körperlichen Fitness, der Körperzusammensetzung und der Blutzuckerkontrolle im Vergleich zum moderaten Ausdauertraining. HIIT scheint daher eine wichtige zeiteffiziente Behandlung für Personen mit Diabetes-Typ-2 zu sein.

Tabelle 16: Effekte von Ausdauertraining im nüchternen und ernährten Zustand bei Diabetes-Typ-2

Autoren	Verboven K., Wens I., Vandenabeele F., Stevens A.N., Celie B., Lapauw B., Dendale P., VAN Loon L.J.C., Calders P., Hansen D.
Publikationsjahr	2020
Forschungsfrage	Gibt es Unterschiede zwischen den Auswirkungen eines Ausdauertrainings im nüchternen Zustand im Vergleich zum ernährten Zustand auf die Messergebnisse, die Blutzuckerwerte und die Eigenschaften der Skelettmuskulatur bei männlichen Typ-2-Diabetes Patienten?
Versuchspersonen	Fünfundzwanzig männliche Patienten mit Diabetes-Typ 2 (Hämoglobin (HbA1c), 57 ± 3 mmol-mol (7,4% ± 0,3%))
Versuchsaufbau	Es wurde 12 Wochen lang ein betreutes Ausdauertraining durchgeführt, wobei das Training über Nacht im nüchternen Zustand (n = 13) oder nach dem Frühstück (n = 12) durchgeführt wurde. Bei den Patienten wurden die Blutzuckwerte, die Blutfettwerte, die Körperzusammensetzung und die körperliche Fitness, sowie die Genexpression in der Skelettmuskulatur untersucht.
Ergebnisse und Schlussfolgerungen	Das Training wurde gut vertragen, ohne dass es zu einer Hypoglykämie kam. Das Training verringerte signifikant die Ganzkörperfettmasse (-1,6 kg) und erhöhte die High-Density-Lipoprotein-Konzentration (+2 mg-dL), die körperliche Fitness (+1,7 mL-min-kg) und die Fettoxidation während des Trainings in beiden Gruppen (PTIME < 0,05), wobei es keine Unterschiede zwischen den Gruppen gab (PTIME × GROUP > 0,05). Die HbA1c-Konzentrationen sanken nach dem Training signifikant (PTIME < 0,001), wobei die Reduktion nach dem Frühstück (-0,30 % ± 0,06 %) signifikant stärker ausfiel als im nüchternen Zustand (-0,08 % ± 0,06 %; mittlerer Unterschied, 0,21 %; PTIME × GRUPPE = 0,016). Bei der Skelettmuskulatur, die mit dem Fettstoffwechsel oder der oxidativen Kapazität zusammenhängt, wurden keine Zusammenhänge beobachtet. Ausdauertraining im nüchternen und im ernährten Zustand unterscheidet sich nicht in ihrer Wirksamkeit zur Verringerung der Fettmasse, zur Erhöhung der Fettoxidationskapazität, zur Steigerung der kardiorespiratorischen Fitness und der High-Density-Lipoprotein-Konzentration oder des Hypoglykämierisikos bei männlichen Patienten mit Typ-2-Diabetes. Der HbA1c-Wert scheint sich bei Bewegung im postprandialen Zustand stärker zu verbessern als im postabsorptiven Zustand.

5   Literaturverzeichnis

American College of Sports Medicine. (1998b). The recommended quantity and quality of exercise for developing and maintaining cardiorespiratory and muscular fitness, and flexibility in healthy adults. *Medicine and science in sports and exercise*, 30 (6), 975–991.

American College of Sports Medicine (Hrsg.). (1998c). *Resource Manual for Guidelines for Exercise Testing and Prescripiton* (3. Aufl.). Philadelphia: Lippincott Williams & Wilkins.

American College of Sports Medicine. (2000a). *ACSM's Guidelines for Exercise Testing and Prescription* (6.Aufl.). Philadelphia: Williams & Wilkins.

American College of Sports Medicine. (2006a). *ACSM's Guidelines for Exercise Testing and Prescription. ACSM's Guidelines for Exercise Testing and Prescription* (7.Aufl.). Philadelphia: Williams & Wilkins.

American College of Sports Medicine. (2006b). *Guidelines for exercise testing and prescripiton* (5.Aufl.). Philadelphia: Lippincott Williams & Wilkins.

American College of Sports Medicine. (2014). *ACSM's guidelines for exercise testing and prescription*. Philadelphia: Lippincott Williams & Wilkins.

Bonanno, J. A., und Lies, J. E.: *Effects of physical training on coronary risk factors. The American Journal of Cardiology* (1974) 33:760-764.

De Geus, E. J. C., Kluft, C., De Bart, A. C. W., et al.: Effects of exercise training on plasminogen activator inhibitor activity. *Medicine and Science in Sports and Exercise* (1992) 24:1210-1219

Institut für Prävention und Nachsorge. (2004). *IPN-Test® –Ausdauertest für den Fitness-und Gesundheitssport*. Köln: Institut für Prävention und Nachsorge (IPN).

Mancia, G., Fagard, R., Narkiewicz, K., Redán, J., Zanchetti, A., Böhm, M., Christiaens, T.,et al. (2013). Practice guidelines for the management of arterial hypertension of the European Society of Hypertension (ESH) and the European Society of Cardiology (ESC), *Journal of Hypertension*, October 2013, Volume 3, Issue 10, - p 1925-1938 doi: 10.1097/HJH.0b013e328364ca4c

Murphy, M., Nevill, A., Neville, A., et al.: Accumulating brisk walking for fitness, cardiovascular risk, and psychological health. *Medicine and Science in Sports and Exercise* (2002) 34:1468-1474.

Neumann, G., Pfützner, A. & Berbalk, A. (2007). *Optimiertes Ausdauertraining* (5., überarb. Aufl.). Aachen: Meyer & Meyer.

Trunz, E. (2001). *IPN-Test® –Ausdauertest für den Fitness-und Gesundheitssport. Köln, Institut für Prävention und Nachsorge.*Köln.

Verboven K., Wens I., Vandenabeele F., Stevens A.N., Celie B., Lapauw B., Dendale P., VAN Loon L.J.C., Calders P., Hansen D. *Impact of Exercise-Nutritional State Interactions in Patients with Type 2 Diabetes*. Med Sci Sports Exerc. 2020 Mar;52(3):720-728. doi: 10.1249/MSS.0000000000002165. PMID: 31652237.

Weineck, J. (2003). *Ausdauertraining. Trainingssteuerung über die Herzfrequenz-und Milchsäurebestimmung*. Balingen: Spitta

Winding K.M., Munch G.W., Iepsen U.W., Van Hall G., Pedersen B.K., Mortensen S.P. *The effect on glycaemic control of low-volume high-intensity interval training versus endurance training in individuals with type 2 diabetes*. Diabetes Obes Metab. 2018 May;20(5):1131-1139. doi: 10.1111/dom.13198. Epub 2018 Jan 31. Erratum in: Diabetes Obes Metab. 2019 Jan;21(1):202. PMID: 29272072.

Zintl, F. & Eisenhut, A. (2001). *Ausdauertraining. Grundlagen Methoden Trainingssteuerung* (5. überarb. Aufl.). München: BLV.

6 Tabellenverzeichnis

Tabelle 1: Allgemeine und biometrische Daten 3

Tabelle 2: Blutdruckklassifikationen 3

Tabelle 3: Blutdruckbewertung 4

Tabelle 4: Ruhepulsbewertung 4

Tabelle 5: Belastungsschema Fahrradergometertest 5

Tabelle 6: Testprotokoll Fahrradergometertest 5

Tabelle 7: Ziele auf Basis der Diagnosedaten 6

Tabelle 8: Grobplanung Mesozyklus 7

Tabelle 9: Detailplanung Mesozyklus Woche eins 7

Tabelle 10: Detailplanung Mesozyklus Woche zwei 8

Tabelle 11: Detailplanung Mesozyklus Woche drei 8

Tabelle 12: Detailplanung Mesozyklus Woche vier 9

Tabelle 13: Detailplanung Mesozyklus Woche 5 9

Tabelle 14: Detailplanung Mesozyklus Woche 6 10

Tabelle 15: Effekte von HIIT und moderatem Ausdauertraining auf Personen mit Diabetes-Typ-2 12

Tabelle 16: Effekte von Ausdauertraining im nüchternen und ernährten Zustand bei Diabetes-Typ-2 13

BEI GRIN MACHT SICH IHR WISSEN BEZAHLT

- Wir veröffentlichen Ihre Hausarbeit,
  Bachelor- und Masterarbeit

- Ihr eigenes eBook und Buch -
  weltweit in allen wichtigen Shops

- Verdienen Sie an jedem Verkauf

Jetzt bei www.GRIN.com hochladen
und kostenlos publizieren